Wendolín Ríos Valerio

La acción de Atenea en la ciudad contemporánea

Wendolín Ríos Valerio

La acción de Atenea en la ciudad contemporánea

Dictus Publishing

Impressum/Imprint (nur für Deutschland/only for Germany)
Bibliografische Information der Deutschen Nationalbibliothek: Die Deutsche Nationalbibliothek verzeichnet diese Publikation in der Deutschen Nationalbibliografie; detaillierte bibliografische Daten sind im Internet über http://dnb.d-nb.de abrufbar.

Coverbild: www.ingimage.com

Contact:
International Book Market Service Ltd., 17 Rue Meldrum, Beau Bassin, 1713-01 Mauritius
Email: info@bookmarketservice.com
Website: www.bookmarketservice.com

Published in 2013

Printed in: U.S.A., U.K., Germany. This book was not produced in Mauritius.
ISBN: 978-3-8473-8736-7

Impresión
Información bibliográfica publicada por Deutsche Nationalbibliothek: La Deutsche Nationalbibliothek enumera esa publicación en Deutsche Nationalbibliografie; datos bibliográficos detallados están disponibles en internet en http://dnb.d-nb.de.

Imagen de portada: www.ingimage.com

Contact:
International Book Market Service Ltd., 17 Rue Meldrum, Beau Bassin, 1713-01 Mauritius
Email: info@bookmarketservice.com
Website: www.bookmarketservice.com

Published in 2013

Printed in: U.S.A., U.K., Germany. This book was not produced in Mauritius.
ISBN: 978-3-8473-8736-7

ÍNDICE

PRESENTACIÓN

Llevar a las palabras la acción es una tarea compleja e ingrata, por más que dispongamos de adjetivos y la descripción llegue a la precisión milimétrica, la acción siempre llevará sus movimientos más lejos y más rápido que el lenguaje, la acción es movimiento y como tal no se puede fijar en papel, o por lo menos no con toda su riqueza expresiva. Las limitaciones del presente trabajo son el esplendor de su objeto: *La Orestiada,* escrita por Esquilo hace 2500 años, dirigida por Richard Schechner en 1995 y representada por una compañía de ópera china. Un arte del tiempo, en el espacio, cuya peculiar configuración y compleja maestría vale la pena volver a echar a andar.

Los objetivos de las siguientes líneas son: por un lado, reflexionar en torno al montaje y sus implicaciones para la sociedad contemporánea, sobre todo teniendo en cuenta los elementos antiquísimos que lo configuran y su mezcla con la mirada experta de un director de teatro neoyorquino del siglo XX. La imagen que resulta de este encuentro de saberes es desconcertante, qué nos dice a los ciudadanos contemporáneos la tragedia de Orestes, cómo nos afecta su crimen, quiénes son los jueces de nuestras ciudades, qué papel desempeñamos las mujeres en la historia de las ciudades de hoy... Y los cuestionamientos podría seguir, el resultado de esta mezcla de saberes y tradiciones es tan impactante y genial que *La Orestiada* es un excelente trampolín para pensarnos hoy.

Mientras que, por el otro lado y como ya lo he dicho, el montaje es excelente; para todos aquellos interesados en el arte escénico y en los provocadores trabajos de Schechner encontraran aquí un modesto intento de aproximación que, con todas las limitantes que un trabajo así implica, pretende dar cuenta del hecho escénico y no solo de la dramaturgia, ya que si bien es un elemento importante de la creación escénica, un texto por sí solo no es acción, requiere de muchos más elementos que lo transformen en un flujo rítmico de imágenes, sonidos y, sobre todo, de presencias. Así, intento recuperar las artes escénicas en su cualidad móvil y presencial para darle relieve a la historia de ellas mismas y de nosotros en el devenir de nuestra configuración como ciudadanos de la *polis* contemporánea.

El modesto resultado que aquí presento es por entero mi responsabilidad, sin embargo no hubiera sido posible sin el generoso apoyo del profesor Alberto Dallal y del director Richard Schechner. Además de la institución que me ha formado y ha cobijado este sencillo trabajo la Universidad Nacional Autónoma de México.

I. INTRODUCCIÓN

La pregunta por el origen es siempre compleja y no lo es menos su respuesta. La tarea se vuelve interminable en tanto más lejano es el pasado donde se hurga; el origen se convierte en una maraña de raíces que no hacen más que perdernos. Sin embargo, cada paso dentro del laberinto, en este caso dentro de la urdimbre de la creación teatral, nos muestra un momento dentro del constante fluir de acciones que es el teatro, revelando el proceso y resultado de su creación.

Fue en el año 2004, en México, donde las imágenes aparecieron por primera vez ante mis ojos. Era una conferencia donde Richard Schechner, director de teatro, presentaba una muestra de su trabajo. Entre el diverso flujo de imágenes grabadas presentó *La Orestíada,* trilogía escrita por Esquilo en el siglo V a.C., montada por una compañía de ópera china. La precisión en los movimientos y el asombroso despliegue de la voz me capturaron; pero habría más: nos mostró el personaje de Atenea, era absolutamente diferente de cualquier representación de una deidad, aparecía como conductora de televisión, mi desconcierto se acrecentó. Quería ver completa la obra. Fortuna me acompañaba ese día: obtuve una copia del montaje completo y un medio de comunicación con el director.

Richard Schechner[1] nació en Newark, New Jersey, el 23 de agosto de 1934. Asistió a la Universidad Cornell donde se graduó, con honores, en Inglés. Más tarde asistió a la Universidad Johns Hopkins para participar en los seminarios de escritura de Elliott Coleman y en el Departamento de Inglés. Obtuvo el grado de Maestría en Inglés por la Universidad de Iowa en 1958 donde era miembro del taller de escritores de Paul Engle. Su tesis fue una obra teatral titulada *Briseis and the Sergeant,* basada en un episodio de la *Ilíada.* En Tulane University, en 1962, obtuvo el grado de

[1] Para una biografía completa ver: "Collection Creator Biography" [en línea], *Richard Schechner papers and The Drama Review collection 1943-2007,* Princeton University, Disponible en: http://findingaids.princeton.edu/collections/TC071#description [consultado en septiembre de 2013]

Doctor con una tesis sobre Eugene Ionesco. Ha trabajado como profesor en diversas Universidades, entre ellas, Tulane University y New York University; también ha participado como conferencista e impartiendo talleres de teatro en diversos eventos e instituciones alrededor del mundo. Además, ha sido editor de una de las revistas escénicas más importantes a nivel mundial, *The Drama Review,* de 1962 a 1969 y desde 1986 hasta la actualidad.

En New Orleans, fue uno de los tres directores fundadores de la compañía *New Orleans Group* hasta 1967, cuando debe dejar Tulane University. Posteriormente la Universidad de New York lo invita a impartir cursos, ahí crea la compañía *The Performance Group* donde permanece hasta 1986, montó, entre otras, las obras *Dionysus in 69* (1969), *Makbeth* de Shakespeare (1970), *Mother Courage and Her Children* de Bertolt Brecht (1975-77), *Oedipus* de Séneca (1977) y *The Balcony* de Jean Genet (1979).

Continuó dirigiendo teatro en diferentes lugares alrededor del mundo. Con la compañía *ECA* ha montado *Faust/gastronome* (1993), *The Three Sisters* de Chejov (1995-97), *Hamlet* de Shakespeare (1999), *Waiting for Godot* de Beckett (2002) y *YokastaS* de Saviana Stanescu y Schechner (2003).[2]

Al mismo tiempo, ha desarrollado ampliamente sus investigaciones y teorías que giran en torno a diferentes aspectos: el teatro, el ritual, el juego, la antropología, la comunicación y la vida cotidiana; como producto de esas investigaciones ha publicado diversos libros, entre los que se encuentran: *Environmental Theater* (1973), *Essays on Performance Theory, 1970-1976* (2003), *Ritual, Play and Performance*

[2] Para una recopilación de los montajes de Schechner videograbados ver: "Richard Schechner: Works (8)" [en línea], *Hemispheric Institute Digital Video Library,* Disponible en: http://hemisphericinstitute.org/hemi/en/hidvl-profiles/itemlist/category/388 [consultado en septiembre de 2013].

(1976), *Between Theater and Anthropology* (1985) y *Performance Studies. An Introduction* (2006)[3].

En la década de los 90′ llegó la primera posibilidad del montaje de *La Orestiada*. Mingder, traductor y adaptador de la obra, asistía a la Universidad de New York para hacer su doctorado, ahí conoció a Schechner y le propuso que trabajaran juntos; más tarde, Schechner vio *The kingdom of desire* montada por la compañía *The Contemporary Legend Theatre*, con quien le habían ofrecido trabajar como director. Los protagonistas eran los mismos actores que después trabajarían bajo la dirección de Schechner como los personajes principales. El director aceptó y sugirió *La Orestíada,* ¿Por qué?, él mismo respondió que es una obra que le gusta mucho y quería un personaje femenino con mucha fuerza para la actriz protagónica que vio, junto a él sería Clitemnestra[4]. Así, tras una serie de arreglos administrativos y económicos el montaje comenzó en julio de 1995.

The Contemporary Legend Theatre se formó en Taiwán en 1986 bajo la batuta de Wu Hsing-Kuo, director artístico, con la inquietud de hacer algo ante el declive de las artes escénicas tradicionales chinas y con el objetivo de actualizarlas. Así, con un grupo de actores expertos en ópera de Beijín adaptaron y montaron obras tradicionales y obras de dramaturgia occidental, entre ellas *The Kingdom of Desire* (1986) adaptación de *Macbeth* de Shakespeare, *War and Eternity* (1990) adaptación de *Hamlet* del mismo autor, *Medea* (1993) de Eurípides, *King Lear* (2001) de Shakespeare, *Farewell my concubine* (1994) y *Waiting for Godot* (2005) de Beckett.

El punto de partida de la compañía fue la tradicional ópera china. Los orígenes de la ópera china son inciertos. Como en todas las artes escénicas, se atribuyen a los rituales, las danzas acompañadas de narración, la disciplina física marcial y las

---

[3] La edición en español: Schechner, Richard. *Estudios de la representación. Una introducción.* México, Fondo de Cultura Económica, 2012.
[4] Schechner. R. Entrevistado por la autora, 11 y 12 de junio de 2010.

representaciones realizadas afuera de los templos. Los registros más antiguos de danzas dramatizadas en China datan del 1122 a.C. Pero también existe una leyenda popular donde se cuenta que el emperador Ming Huang de la dinastía Tang (s. VII al X) fundó la escuela de ópera *El jardín de los perales* después de su visita a la luna donde vio la compañía en el Palacio de Jade del Monarca Lunar. Incluso, tal emperador es una de las deidades del gremio de cantantes, ya que lo consideran como el creador de la ópera.

La ópera china es un género de las artes del espectáculo que se caracteriza por la presencia simultánea en el escenario de diferentes expresiones y prácticas vocales, técnicas corporales, la suntuosidad, la codificación y la música. Las artes del espectáculo se expresan tanto en el tiempo como en el espacio, a diferencia de las artes espaciales como la pintura o la escultura y las artes temporales como la música y la literatura; además de expresarse en un alto grado de socialización, es decir, en presencia de los espectadores. La ópera china conjuga actuación, danza, canto, música y acrobacia; por lo que resulta injusta y reduccionista la referencia de este arte chino a la ópera o al teatro como los conocemos en occidente. De hecho, en oriente no hay una palabra que se refiera específicamente a la danza o el teatro por separado, lo cual nos habla de que no hay diferencia conceptual entre ambas formas de expresión. Existen muchas variantes de ópera en China con sus peculiaridades locales. El estilo más famoso y de mayor penetración es el de Beijín o *jingju;* su periodo de mayor esplendor ocurrió durante la dinastía mongola Yuan (s. XII-XIV). En esa época fueron creadas las obras conocidas hoy como clásicas de este arte del espectáculo.

El principio bajo el cual se rige la representación en la tradición china es la convención y no la mímesis como estamos acostumbrados a reconocer en las culturas occidentales u occidentalizadas. Es decir, los movimientos, la escenografía y la utilería no imitan lo "real", sino que a partir de elementos o movimientos codificados quieren decir una u otra cosa. Por ejemplo, un personaje muerto en la batalla cae al suelo y segundos después sale caminando del escenario por su propio píe, o bien, con banderas en el vestuario se muestra el rango militar de un personaje, el número de personas que hay en su ejército y que se supone lo acompañan en ese momento o se representa, también con banderas, su llegada a bordo de un carro que nunca aparece sobre el escenario.

Es por esta razón que los personajes de la ópera china están tipificados en su carácter, su comportamiento, sus movimientos, su vestuario, su maquillaje y el tono de su voz al cantar y recitar, independientemente del argumento. Se desata en las representaciones un despliegue suntuoso y estilizado en todos sus elementos. Las historias que se escenifican en el escenario chino están basadas en narraciones mitológicas o en hechos históricos, aunque, actualmente también se escriben nuevos libretos para la ópera china.

Las representaciones están acompañadas de una orquesta que está conformada por címbalos, tambores, gongs, trompetas, flautas y el violín que acompaña el canto de los actores, *Hu Ch'in*. El ritmo en la música está marcado por un tambor de madera que también da ritmo a los diálogos. Asimismo, la música, además de acompañar la acción, la intensifica. Debido a la formalización de las artes escénicas chinas, la música se adapta para cada nueva narración, ya que hay pasajes musicales específicos para una situación específica, por ejemplo una batalla, y éstos solo se repiten en un nuevo argumento.

El entrenamiento de los actores, anteriormente, es decir previo a la revolución popular china, se realizaba de generación en generación en condiciones muy violentas y de rezago social, ya que los actores eran la casta más baja de la escala social. En 1950 se fundó la Escuela Teatral Nacional a la que asisten niños desde los 10 y 11 años, transcurren hasta diez años de instrucción antes de graduarse. A principios del siglo XVIII (Dinastía Manchú o Qing) se prohibió que los hombres y las mujeres se presentaran en el mismo escenario y fue hasta después de la revolución que se permitió a las mujeres representar junto a los hombres.

Tampoco en la antigua Grecia se permitía la participación de las mujeres en las representaciones teatrales, que vieron su surgimiento, con la tragedia griega en el siglo V a.C. Las representaciones se realizaban durante un ritual en honor de Dionisio a finales del mes de marzo, en Atenas, durante un concurso donde cada autor presentaba tres tragedias hiladas entre sí por su temática, es decir una trilogía, y también una comedia. De las obras que se representaban y de la forma en que se montaban nos quedan muy pocos registros. Solo contamos con un número reducido de obras completas de tres escritores Esquilo (c. 525-460 a.C.), Sófocles (c. 497-405 a.C.) y Eurípides (c. 484-406 a.C.). Perduró solo una trilogía completa, *La Orestiada* de Esquilo, que se presentó por primera vez en el año 458 a.C., la obra está conformada por las tragedias *Agamenón, Las Coéforas* y *Las Euménides.*

Agamenón, de acuerdo al argumento de la tragedia original, trata del regreso de éste después de ganar la guerra de Troya. Llega con Casandra como botín de guerra, quien vaticina su muerte y la de ella, crimen que se realiza como venganza de Clitemnestra porque Agamenón sacrificó la vida de su hija Ifigenia a Artemisa, y como venganza de Egisto porque el padre de Agamenón, Atreo, dio a comer al padre de Egisto, Tiestes, los cuerpos de sus propios hijos. El coro de la tragedia está conformado, de acuerdo con el libreto, por ancianos que no pudieron sumarse a las filas del ejército. Baste decir por el momento que en el montaje de Schechner se integra en el coro un joven de gorra, vestido como cualquier joven contemporáneo, que no se trasladó a Troya porque era muy joven en aquel momento.

Las Coéforas trata de cómo Orestes, en cumplimiento del oráculo de Apolo, venga la muerte de su padre haciendo salir a Clitemnestra y Egisto a recibirle como a un huésped extraño que les comunica la muerte de Orestes, ya que éste había sido exiliado por su propia madre. Una vez consumado el crimen, Orestes es acosado por las Furias y huye a Delfos, junto a Apolo, en busca de auxilio.

Las Euménides trata del juicio que encabeza Atenea por mandato de Apolo para determinar si Orestes debe ser liberado del acoso de las Furias, deidades que vengan los crímenes de sangre. Los votos que emite el jurado son en igual número a favor de Orestes que a favor de las Furias. Atenea da el voto decisivo a Orestes, quedando absuelto de toda culpa por haber matado a su madre. A las Furias, Atenea les ofrece un templo en la ciudad (Atenas) y la promesa de que todos sus habitantes serán sus adoradores. Por el momento solo mencionaremos que en el montaje, Atenea aparece caracterizada como conductora de televisión.

La trilogía completa fue adaptada en inglés por el propio Schechner[5], él mismo explica en su diario que eliminó todas las partes con largas referencias a la religiosidad griega, ya que no decían nada para los espectadores del Taiwán del siglo XX, además le preocupaba que se alargara mucho la presentación de las tres tragedias.

El libreto de Schechner fue entregado a Mingder, quien lo tradujo a diversos idiomas dependiendo del personaje. Por ejemplo: el joven de gorra en el coro de *Agamenón* y Atenea hablan como los habitantes del Taiwán actual, mientras otros personajes hablan mandarín; también realizó la adaptación al estilo *jingju*, que está representado, sobre todo, por los personajes de Clitemnestra, Agamenón y Orestes. Así que, si bien, el montaje respeta el argumento original, el libreto fue traducido y adaptado a las necesidades del montaje, por ejemplo; la traducción de los nombres de los personajes quedó de la siguiente manera:

---

[5] Schechner, R. *Aeschylus' Oresteia*, (1995), Princeton University Library, Richard Schechner papers and The Drama Review collection 1943-2007, Miscellaneous files 1989-2007, Box 315.

Agamenón	*Ahkamanoon*
Clitemnestra	*Kelaidun*
Orestes	*Aoreisi*
Casandra	*Kashandala*
Egisto	*Aijisi*
Ifigenia	*Yifu*
Electra	*Yilei*
Pílades	*Peiledisi*
Apolo	*Ahpolo*
Atenea	*Yadianna*
Cilisa	*Xilisha* [6]

En las páginas siguientes haré referencia a algunas de las palabras de los personajes tomando como base el libreto en inglés, adaptado por el director. Debido al proceso de transformación y construcción que siguió el libreto, las citas del texto en inglés no se pueden tomar como referencias textuales de lo que los actores están diciendo en la representación, pero sí son excelentes guías para la comprensión del montaje, sobre todo considerando la distancia cultural y lingüística que existe entre nuestro país y China.

El punto de partida, el origen de los ensayos fue el 17 de julio de 1995, Schechner se trasladó a Taiwán donde comenzó a trabajar con la compañía. El edificio donde se reunían era una escuela de ópera china, perteneciente al ejército, donde los actores de la compañía estudiaban o trabajaban.

---

[6] Schechner, R. *China Diary*, (1995), Princeton University Library, Richard Schechner papers and The Drama Review collection 1943-2007, Miscellaneous files 1957-1996, Box 154, Folder 8, 22 de julio de 1995, 7:07 p.m.

La primera actividad fue una ceremonia en la que participaron todos los involucrados en la creación del montaje. Cada uno pasó a encender incienso frente a un altar dispuesto para la ocasión. Después de esto comenzó el trabajo físico, liderado por el director: calentamiento con ejercicios basados en el yoga, ejercicios de respiración y "crossing"; un ejercicio diseñado por Schechner que permite a los actores entrar en diferentes formas de relación e interacción.

Nadie tenía personajes asignados, a excepción de Agamenón y Clitemnestra. Ni siquiera estaba lista la adaptación del libreto al chino. Todo el comienzo fue un reconocimiento entre los actores, el director y la estructura general de la historia. De ahí en adelante todo se trataba de ensayos, montaje de coreografía y canto, así como creación de personajes, vestuario, escenografía, y atención a los medios de comunicación que mostraban mucho interés en el proyecto.

Para Schechner el resultado fue todo un éxito, sobre todo considerando que le asombraba lo bien entrenados y disciplinados que son los actores de la ópera china, así como su constante disposición a colaborar con el trabajo. La obra solo se representó tres noches (27, 28 y 29 de octubre de 1995) y a la fecha, a pesar de los intentos de llevarla de gira, no han podido volver a presentarla debido a los altos costos de la producción.[7]

La trilogía completa se presentó cada noche. Sobrevenía un intermedio de 20 minutos entre cada obra. Las gradas y la colina frente al escenario estaban llenas de espectadores. Asistieron alrededor de 3000 personas a verla cada noche, según referencias del propio Schechner. Se creó un enorme debate entre intelectuales y medios de comunicación, ya que suscitó opiniones tanto a favor como en contra de la

[7] *The Oresteia* [vídeo en línea], Hemispheric Institute Digital Video Library, 1995, Disponible en: http://hemisphericinstitute.org/hemi/en/hidvl-profiles/item/1319-rschechner-oresteia#itemVideoAnchor [consultado en septiembre de 2013]

renovación de la tradición de la ópera china, por ejemplo: la actriz que realizó el personaje de Clitemnestra, quien es considerada como la heredera del máximo intérprete de personajes femeninos de la historia de la ópera china, Mei Lan Fang, tenía dudas sobre aceptar el personaje en una obra que no respetaba al pie de la letra la tradición.

Para terminar con el recuento del principio que estás breves líneas a modo de introducción intentan reconstruir, regresamos a la Ciudad de New York donde realicé una entrevista con Richard Schechner en junio del 2010. Obtuve así, de viva voz, explicaciones, sentimientos y recuentos respecto al montaje.

Está claro que tenemos sobre la escena una mezcla poco convencional de tragedia griega, ópera china, televisión y teatro contemporáneo. Una multiplicidad cultural y, obviamente, lingüística. Se trata de un hecho escénico formado por elementos de teatralidad provenientes de diversas épocas y culturas; vale la pena mencionar que el término *teatralidad* se refiere a "[…] *todo proceso individual o colectivo de realización y observación de actos que operan sobre la realidad concreta o imaginaria."*[8], y en el caso de las artes escénicas presupone la conciencia de la ficción tanto en su creación como en su exhibición.

El presente trabajo pretende reflexionar sobre el hecho escénico considerando todos los elementos de teatralidad que entran en juego y no solo el libreto, como muchas veces se hace, en un intento por capturar el flujo continuo y siempre cambiante de acciones efímeras que es el teatro. A continuación realizo un recorrido por el montaje para concluir con la interpretación del sentido de las imágenes creadas sobre el escenario.

---

[8] Adame, D. *Elogio del oxímoron. Introducción a las teorías de la teatralidad*, p. 30.

II. LA ÓPERA CHINA EN EL TEATRO AMBIENTALISTA

Todos en Argos esperan noticias de Agamenón y de la guerra contra Troya. El fuego, dispuesto por Clitemnestra, será el mensajero de la victoria. Antes, Agamenón sacrifica a Ifigenia, su hija, a través de engaños, como a un animal, para que los vientos sean propicios para las naves aqueas que parten hacia Troya y para que la victoria les sea otorgada. Pero antes, Atreo, padre de Agamenón, da de comer a su hermano Tiestes a sus propios hijos, como venganza porque su esposa le había sido infiel con él. Y aún antes de eso, Tántalo sirve de comer a su hijo Pélope en un banquete para los dioses, quien también aparece en la mitología como el padre de Atreo y Tiestes. Ésta es la maldición que pesa sobre la casa de Agamenón y que el teatro vuelve a traer al presente sobre el escenario.

En la noche, en la ciudad de Taipéi, el escenario recibe una iluminación tenue. Una *voz en off*, de tono gutural, emite un breve discurso: el prólogo. Al terminar éste, el escenario se ilumina y entre el público un joven de gorra (personaje que era un niño cuando las tropas de Argos partieron hacía Troya y que de joven forma parte del coro) despierta a uno de los personajes. Es el Atalaya de Argos, se yergue sobre una plataforma alejada del escenario desde donde empieza su discurso (Ver: Imagen 1). El Atalaya anuncia con emoción, después de cantar, que Troya ha sido sometida.

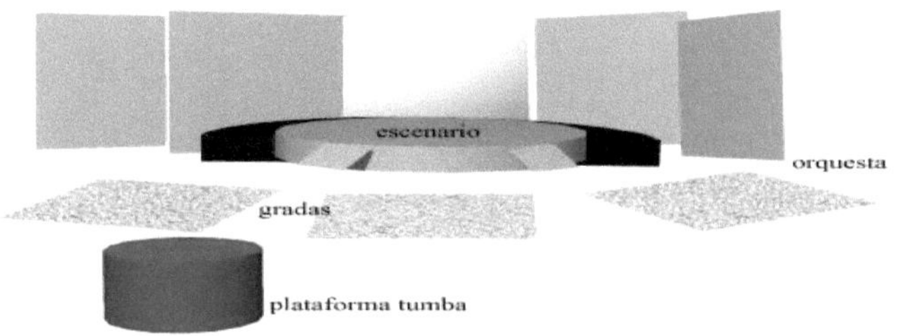

Imagen 1: Esquema general del diseño escénico. (Realización del esquema: Paloma Jiménez)

Aparece sobre el escenario el coro. Cuatro hombres viejos que se mueven con dificultad debido a sus limitaciones físicas, intercambian palabras entre ellos y con el joven de gorra, quien se dirige al fondo del escenario, el palacio de Agamenón, para tocar la puerta con insistencia. Las puertas se abren. Aparece Clitemnestra precedida por un guardia. Ella porta un peinado en alto, vestido con mangas largas, mangas *de aguas agitadas* les llaman en China, joyería al cuello y zapatos con plataforma. Su voz es aguda, como la tradición china indica, los movimientos de sus manos son suaves, delicados, pero con gran expresividad y fuerza, acompañando su hipócrita alegría por el éxito de los aqueos en la guerra de Troya y el posible regreso de su esposo Agamenón, rey de Argos.

A lo lejos, en la colina sobre la que se encuentran las gradas, se ve regresar a dos guerreros aqueos, traen buenas nuevas sobre Agamenón. Los guerreros manifiestan gran dicha al poder regresar a su tierra natal, sanos y salvos; sus piruetas y giros acrecientan su expresión de entusiasmo. Debido a sus acciones acrobáticas estos personajes se pueden identificar con el tipo *Wu-sheng* de la ópera china: guerrero joven que realiza escenas de combate y acrobacias, con las cuales se abren paso entre el público hasta llegar al escenario; ahí, cansados por el viaje, beben. El muchacho de gorra que despertó al Atalaya ofrece una lata de "Coca-Cola" a uno de los guerreros recién llegados, mientras el otro, haciendo uso de la mímica y de las convenciones de representación china, muestra que bebe sin otro recurso que su cuerpo; el joven de gorra se muestra sorprendido e incluso intenta ofrecerle su refresco (Ver: Imagen 2).

Este breve momento nos ofrece un primer indicio de los elementos constitutivos del montaje: por un lado, el joven de gorra vestido como cualquier muchacho contemporáneo, cuya imagen no corresponde en absoluto con la del resto de los personajes en la escena y, por el otro lado, un guerrero que viene de por lo menos diez años atrás, interpretado por un actor de ópera china que con solo sus gestos nos demuestra que está bebiendo. El joven se sorprende ante el evento y pretende ofrecerle una "verdadera" bebida, una lata de refresco; son evidentes en este sencillo gesto las diferencias en cuanto a las técnicas de representación en las artes del espectáculo. En la ópera china rige la representación por convenciones, no necesita de elementos realistas o naturalistas para expresarse, mientras que el teatro occidental sí. Observamos un primer y evidente contraste entre dos modos de representación diferentes que van a estar presentes a lo largo de toda la obra.

Imagen 2: Joven del coro y Guerrero bebiendo, dos miembros del coro al fondo.*

Los guerreros anuncian, desde la plataforma, con gritos llenos de entusiasmo que Agamenón se aproxima. Llega sobre un carro tirado por cuatro sirvientes con Casandra a sus espaldas. A su paso, los espectadores, sentados sobre la colina, tienen que moverse; los espectadores se reacomodan abriendo un pasillo que conduce del carro, detenido sobre la colina, al escenario. Agamenón porta casco, armadura y botas

* Todas las imágenes del presente trabajo fueron tomadas de: *The Oresteia* [vídeo en línea], Hemispheric Institute Digital Video Library, 1995, Disponible en: http://hemisphericinstitute.org/hemi/en/hidvl-profiles/item/1319-rschechner-oresteia#itemVideoAnchor. A menos que se especifique lo contrario.

con plataforma, tiene toda la cara maquillada en dorado con algunos rasgos en negro rojo y azul (Ver: imagen 3). De acuerdo con las palabras del propio director, los vestuarios están inspirados en las culturas antiguas de México[9], lo cual se observa con mayor claridad en el casco de Agamenón.

Imagen 3: Agamenón llegando a Argos, Casandra está detrás de él de espaldas.

Agamenón empieza a hablar. Su voz es grave y pausada, sus brazos permanecen en la parte superior del cuerpo y mientras habla acentúa las palabras con los movimientos firmes y fuertes de sus manos y antebrazos, como si el sonido se apoderara de cada uno de sus músculos, moviéndolos con cada una de las notas que emite.

De acuerdo con la tradición de la ópera china, los personajes están tipificados y a cada tipo de personaje le corresponde un vestuario, un maquillaje, movimientos, voz y comportamiento específico. Agamenón se corresponde con el personaje

[9] Schechner. R. Entrevistado por la autora.

llamado *Lao-sheng:* son hombres mayores y respetables, generalmente barbados, un emperador o un general, caminan lento con pasos largos, levantando mucho la pierna, con una mano descansando en la espalda y el cuerpo ligeramente inclinado hacia atrás.

Clitemnestra aparece sobre el escenario para recibir a su esposo, ricamente ataviada, con un maquillaje y peinado que engrandecen su figura; tiene pequeños postizos redondos sobre las mejillas que resaltan sus pómulos; delinea sus ojos y cejas por encima de la línea natural; su peinado es artificial, suntuoso y extraordinariamente alto; su joyería muy vistosa y sus zapatos llevan plataforma. Sus movimientos están perfectamente controlados. Toda la fuerza se manifiesta en su voz y en sus manos, que nunca caen sueltas a los costados (Ver: Imagen 4).

Clitemnestra también se corresponde con uno de los personajes de la ópera china, *Ching*, que se expresa más con el canto que con el cuerpo. Canta en tonos agudos, desplegando un alto grado de perfección; sin embargo, el carácter del personaje chino no se corresponde con el planteado por el libreto, ya que en la tradición china las mujeres *Ching* son honestas, sencillas, virtuosas y gentiles.

El diálogo se realiza entre Clitemnestra y Agamenón. Ella, tras una falsa bienvenida, trata de convencerlo de entrar al palacio sobre una alfombra púrpura que hace tender desde el carro hasta la entrada del palacio atravesando todo el espacio y a los espectadores (Ver: Imagen 5). La alfombra no es lo único que atraviesa el espacio, la acción y toda la disputa entre Clitemnestra y Agamenón sale del escenario y se posa en el espacio entre los dos personajes, justo donde están los espectadores. Éstos se ven involucrados en la línea de tensión que atraviesa el espacio, hasta que Agamenón accede, se quita el calzado y camina.

Imagen 4: Clitemnestra recibiendo a Agamenón.

Pero, no lo hace de inmediato. Mantiene el pie en alto mientras canta y mantiene un brazo también en alto, moviendo su muñeca acompañando la música de su voz. El director explica que le indicó al actor que viera a su pie como una parte independiente del resto de su cuerpo, que incluso dudara y se sorprendiera al ver lo que su pie está a punto de hacer, y que es eso precisamente lo que el actor hace gracias a su entrenamiento arduo, tanto en la expresión corporal como en la vocal[10]. Así, como suspendiendo el tiempo, de la misma manera que Agamenón suspende el gesto, se pregunta sobre la excesiva amabilidad de Clitemnestra. Es una escena muy poderosa: por un momento el hilo de la acción se detiene; terminar de llegar al palacio, con Clitemnestra, lo decide todo. Poco a poco su pie baja y se apoya en la alfombra, camina lento y con cautela; después, con gusto y gallardía. Cruza el espacio sobre la alfombra hasta la entrada del palacio, mientras las sirvientas levantan la alfombra al mismo tiempo que Agamenón avanza sobre ella como si en su caminar

[10] Ibíd.

levantara la línea de acción y tensión que se tendía sobre el público, concentrándola una vez más en el escenario.

Imagen 5: Vista general de la llegada de Agamenón.

El coro canta y baila con alegría festejando el retorno de Agamenón, mientras las sirvientas recogen la alfombra y la transforman en largos pendones que se unen a la danza bajo la mirada de Casandra, que permanece en el carro sobre la colina. Clitemnestra emite unas palabras antes de entrar al palacio. Se trata de su último gesto público antes de cometer el crimen que ha planeado. Con la mirada fija al frente, cruza delicadamente sus manos sobre su pecho al tiempo que cierra los ojos con suavidad emitiendo solo el sonido "pa", como poniendo un punto final a la frase (Ver: Imagen 6). En seguida da media vuelta y se dirige al fondo del escenario, a las puertas del palacio, para entrar siguiendo a Agamenón; está segura de la decisión que ha tomado: el plan se consumará, ella sabe lo que ocurrirá con el rey y reafirma su decisión con ese sencillo gesto que nos muestra sus certezas. Además, en la adaptación que el director realizó del libreto podemos leer las palabras que emite

Clitemnestra justo antes de salir del escenario una vez que Agamenón ha aceptado entrar al palacio sobre la alfombra: *"Zeus, Zeus performer of all, perform my prayer: Do what you are to do."*[11] Ella está decidida, solo necesita que el destino le sea favorable. Sabe lo que está a punto de realizar y nos muestra su absoluta certeza con ese gesto.

Imagen 6: Clitemnestra antes de entrar al palacio con Agamenón.

Hasta este momento de la escenificación hemos podido observar la distribución de las áreas de representación dentro del Anfiteatro del parque forestal de Taipéi. Si bien el lugar es un teatro a la italiana, para esta producción se construyó una escenografía lo más parecida posible al teatro griego. También por eso se eligió el Anfiteatro al aire libre que incluye la colina, de acuerdo a la explicación del propio director[12]. Se construyó la escenografía de fondo, un escenario circular ligeramente inclinado hacia el público cubierto de tierra decorado con una espiral en el centro y

[11] Schechner, R. *Aeschylus' Oresteia*, p. 12. "Zeus, Zeus realizador de todo, haz que mi súplica se realice: Haz lo que ya tienes decidido." Todas las traducciones al español son de la autora.
[12] Schechner, R. Entrevistado por la autora.

una plataforma colocada al final de las gradas frente al escenario en diagonal (Ver: Imagen 1); también el carro en el que llega Agamenón y el espacio que se abre entre el público son áreas de representación.

Esta distribución de los espacios de representación y los espacios de observación nos habla claramente de la propuesta del uso del espacio en el "teatro ambientalista" que Schechner desarrollo. Al respecto nos dice: *"El teatro ambientalista fomenta un dar-y-recibir a través de un espacio organizado globalmente, en el cual las áreas ocupadas por el público son como un mar por el que nadan los intérpretes; y las áreas de representación son una especie de islas o continentes que están entre el público."*[13] Es decir, en lugar de organizar la acción y el espacio en dos áreas divididas y confrontadas (escenario y gradas), todas las áreas del espacio teatral se integran en la acción, convirtiendo al espacio teatral en un espacio vivo, total.

Regresamos a la acción. Casandra (Ver: Imagen 7), hija del gobernante de Troya y ahora esclava de Agamenón, ha llegado con él en el mismo carro, permaneciendo de espaldas hasta que Agamenón llega al escenario. Entonces, ella se da media vuelta, observa a lo lejos lo que sucede ahí y en sus premoniciones. Agamenón y Clitemnestra entran al palacio dejando en el escenario al coro. Casandra emite un grito agudo, mueve la parte superior de su cuerpo en círculos, parece que se derrumba, sabe lo que sucederá y sus palabras lo dicen: *"No! A house the gods hate, guilty of the murder of close kin, a slaughter-house. Its floors dripping with blood."*[14]

---

[13] Schechner, R. *El teatro ambientalista,* México, Editorial árbol-UNAM, 1988, p. 73.
[14] Schechner, R. *Aeschylus´ Oresteia*, p. 13. "¡No! Una casa odiada por los dioses, culpable del asesinato de parientes cercanos, un matadero. Sus pisos están salpicados de sangre."

Imagen 7: Casandra.

Casandra permanece en el carro emitiendo sus presagios, mientras en el escenario un músico con su violonchelo se coloca con ayuda de un tramoyista, de la misma manera que en la tradicional ópera china. La acción jamás se corta: si es necesaria la introducción de elementos de escenografía o utilería en el escenario, se realizan a la vista del público durante la representación. Así, pues, el músico está listo, Casandra empieza a cantar con la compañía del violonchelo; además de mostrar su extranjería por el color de la piel, maquillada en un tono moreno, su voz es acompañada por un sonido igualmente extranjero, ajeno a la tradición china, el violonchelo. Mientras danza suave y dolorosamente sobre el mismo carro en el que llegó, Casandra canta tristemente haciendo a su cuerpo subir y bajar con suavidad, tambalearse, moverse en círculos; la constante en su movimiento es que está a punto de perder la vertical, de dejarse caer, de derrumbarse. A causa de las visiones que Apolo le envía, ella sabe que también va a morir.

Casandra entra al palacio lentamente, empujada por la lanza de un guardia. El coro canta y baila cuando de pronto se oye un grito que viene desde el interior. Los guardias traen los cuerpos de Agamenón y Casandra. Son depositados uno junto al otro en el centro del escenario, después de que es retirado el fuego que fue prendido al recibir las buenas noticias desde Troya y que ha permanecido en el mismo lugar, al centro del escenario sobre el remolino dibujado que lo decora. Se escucha la voz de Clitemnestra que canta mientras el coro sorprendido se acerca a observar los cadáveres. Del fondo del escenario sale Clitemnestra de espaldas con las manos en alto sujetando un cuchillo, que la señala, al igual que las palabras que pronuncia, como la asesina:

Never again call me
Agamemnon's wife!
I am the ancient savage
avenger of Atreus's supper.
Because of the slaughtered children
I struck this man.[15]

Corriendo y gritando llega Electra y se arrodilla frente al cuerpo de su padre, que ha sido colocado junto con el de Casandra en el centro del escenario por los sirvientes, Egisto aparece acompañado de fanfarrias, porta armadura, capa y botas con plataforma, tiene toda la cara cubierta por el maquillaje en color negro, blanco, azul y rojo (Ver: Imagen 8). Su personaje se equipara con el de tipo *Chin* de la tradición china, ya que tienen toda la cara pintada y son aventureros o bandidos. A pesar de que su postura y movimiento parecen ser los correspondientes a los de un personaje de alto rango, como Agamenón, los realiza con tal falta de precisión y de

[15] Ibíd, p. 22. "¡Nunca vuelvan a llamarme "la esposa de Agamenón"! Soy la vengadora antigua y furiosa de la cena de Atreo. Por la matanza de los niños ataqué a este hombre."

fuerza que termina por ser una parodia de un gran guerrero en lugar de aparecer majestuoso y digno.

Imagen 8: Egisto.

Tras las palabras de Egisto, primo de Agamenón, aceptando su participación en el crimen para cobrar venganza por su padre Tiestes y proclamándose rey de Argos, el coro le reclama pero es repelido por las armas de los guardias del palacio. Hay tensión en el escenario. Clitemnestra interviene y tras sus palabras el coro se retira y junto con ella Egisto. Solo quedan en el escenario los cadáveres. Y también, Electra, arrodillada frente a ellos, de espaldas al público. La muerte y el dolor pueblan el escenario.

III. LA DANZA FINAL, CLITEMNESTRA Y ORESTES.

En la penumbra se escucha un estruendoso sonido, como de un avión en maniobra de despegue y una vez que la maniobra ha terminado un coro se escucha de fondo mientras una voz femenina se lamenta y llora emitiendo algunas palabras. Una vez concluido el prólogo, junto al túmulo donde ha sido sepultado Agamenón (Ver: Imagen 1) aparece un hombre de traje que como un guardaespaldas echa un vistazo a los alrededores para asegurarse de que no haya peligro. Es Pílades (Ver: Imagen 9), el amigo de la infancia de Orestes; desde atrás del túmulo conduce a Orestes entre el público hasta la tumba de Agamenón, quien regresa a Argos por mandato del Oráculo de Apolo.

Imagen 9: Pílades junto a la tumba de Agamenón.

Orestes (Ver: Imagen 10) porta faldón, chaleco de piel, cuchillo, sandalias y espinilleras. Se le puede considerar un personaje *Siao-sheng,* hombre joven, dentro de la tradición de la ópera china; asimismo, el maquillaje dorado en el centro de la frente y la nariz junto con las cejas bien acentuadas y los labios en rojo, lo integran visualmente con el resto de los personajes representados al estilo tradicional chino.

Imagen 10: Orestes junto a la tumba de su padre.

Orestes se lamenta frente a la tumba de su padre y se corta un mechón de cabello, un rizo especifica el libreto original, que ofrece como ofrenda sobre la tumba pidiendo a Zeus que le permita vengar su muerte. Al ver que otras personas se aproximan, se esconde. Llegan con libaciones, enviadas por Clitemnestra, un grupo de esclavas lideradas por Electra, caracterizada por el color rojo de su vestuario y su maquillaje. De acuerdo con la tradición china, el rojo es un color destinado a personajes leales, rectos, bondadosos y honorables (Ver: Imagen 11). Después de que las sirvientas han cumplido con su deber Electra toma entre sus manos el mechón de cabello depositado por Orestes, cuestionándose la procedencia de tal ofrenda, sorprendida porque Clitemnestra prohibió al pueblo de Argos expresar su duelo por Agamenón. Finalmente Orestes sale de su escondite y se presenta ante Electra quien acepta su identidad solo hasta que Orestes le muestra una tela que ella misma tejió y le entregó a su partida. Juntos traman el plan para vengar la muerte de Agamenón, su padre.

Imagen 11: Electra.

Una vez en el escenario Pílades llama a la puerta, sale un sirviente, quien llama a Clitemnestra. Ésta sale precedida por un guardia. Orestes, al frente del escenario se mantiene de espaldas a Clitemnestra, mientras, fingiendo ser extranjero, avisa que Orestes ha muerto. Clitemnestra llora. Durante todo el diálogo que se desarrolla entre Clitemnestra y Orestes, éste se mantiene de espaldas a ella, quien está al fondo del escenario; incluso, hacía el final de su interacción, cuando Clitemnestra se acerca a Orestes, él gira ligeramente su cuerpo para mantener su mirada y su rostro fuera de la vista de Clitemnestra.

Después de que la mentira surtió su efecto, en el escenario solo permanece el coro fingiendo dolor ante la noticia. Por el extremo izquierdo del escenario aparece una mujer que camina con pasitos muy cortos, casi a saltitos, haciendo que todo su cuerpo brinque y se bambolee con cada uno de sus movimientos; es la nodriza de Orestes, Cilisa (Ver: Imagen 12). Su andar y su hablar rápido, además de cambiar el ritmo de la representación, resultan graciosos. Por su maquillaje se le puede identificar con el personaje *Chou-dan* de la ópera china, personaje cómico femenino que se caracteriza por maquillarse con una figura en forma de mariposa sobre el centro del rostro, generalmente en color blanco. La nodriza llora desconsolada y exageradamente la pérdida de Orestes, pero el coro le explica el plan esperando que ella colabore. Sale para avisar a Egisto sobre la supuesta muerte de Orestes.

Imagen 12: Cilisa, Nodriza de Orestes.

Egisto no cree que Orestes haya muerto. El coro lo manda a cerciorarse dentro del palacio con los fingidos extranjeros. Sale Egisto mientras el coro, al centro del escenario, pide a los dioses que Orestes alcance la victoria. Se escucha un grito de hombre que viene desde el interior. Un sirviente sale a explicar que Egisto ha muerto. El coro se muestra feliz. Aparecen Pílades y un sirviente con el cuerpo de Egisto, lo depositan en el centro del escenario, asimismo, entran Clitemnestra por las puertas del palacio y Orestes por el lado derecho del escenario.

Clitemnestra se arrodilla frente al cadáver de Egisto y llora abrazada a él. Orestes se aproxima, saca, con vigor, un cuchillo de una funda en su pierna, lo empuña y lo lleva contra su pecho. Está dispuesto a vengar la muerte de su padre y para ello debe cobrar otra vida como ya lo hizo con Egisto. Le ha declarado la muerte a su madre por su propia mano. *"So he is dear to you? Then shall the two of you lay close in the same tomb: In death, as in life, you will embrace him."*[16] Clitemnestra responde diciendo tres veces el nombre de su hijo, la primera con duda y sorpresa, la segunda con felicidad y la tercera con temor, sabe lo que está a punto de ocurrir.

Orestes y Clitemnestra se baten en un duelo coral. Uno justificando el crimen que está a punto de cometer y la otra suplicando perdón, caminan, enfrentándose, respondiéndose, rebatiéndose, alrededor del cuerpo de Egisto que yace en el centro del escenario; es una danza circular, una espiral de muerte, de muertes pasadas y de la que está por venir. Danzan con la muerte, presente en el cuerpo de Egisto que los separa. La muerte es el eje de su danza.

Por un instante parece que Clitemnestra convence a su hijo. Cogiéndole de la mano logra abatir el brazo que empuña el cuchillo, que estaba listo a asestar el último golpe. La prolongación del sonido que emite su voz empuja cada vez más abajo la mano de Orestes. Voz y movimiento ejercen su eficacia emotiva juntos. Pero Pílades se aproxima para recordarle a Orestes el mandato del oráculo de Apolo mientras le lleva la mano en alto empuñando el cuchillo. Estas palabras lo llenan nuevamente de aire y con fuerzas renovadas Orestes se va contra su madre, primero con la potencia de su voz para terminar encajando su cuchillo en el vientre de la mujer que le dio la

[16] Ibíd., p. 22. "¿Así que amas a este hombre? Pues bien, los dos yacerán juntos en la misma tumba: En la muerte, como en la vida, lo abrazarás."

vida. El cuerpo cae sobre el de Egisto, su amante. Yacen de la misma manera que Casandra y Agamenón. Pílades sella su venganza colocando sobre ellos la red con la que Clitemnestra apresó a su propio esposo.

Vale la pena hacer una pausa en la consecución de la acción para llamar la atención sobre la forma como muere Clitemnestra. Es evidente a los ojos de todos los espectadores que Orestes nunca encaja el cuchillo en el cuerpo de su madre, ni siquiera pretenden que parezca “real” fingiendo encajar el cuchillo de “verdad”; por el contrario, el cuchillo, empuñado con ambas manos, lleva toda la potencia necesaria para arrebatar la vida pero termina su trayectoria en el costado del cuerpo de Clitemnestra, quien reacciona de inmediato, y es justo por la fuerza y tensión muscular y vocal que los actores imprimen a sus gestos que la escena no carece de fuerza, y mucho menos, de crudeza. Esa es la diferencia entre los modos de representación realista y la codificada tradición china.

Un hijo que mata a su propia madre, una confrontación inimaginable pero presentada con total maestría, en un juego de paso circular los cuerpos de los dos actores despliegan toda su potencia física y vocal. Por momentos pareciera que la victoria será para el actor más virtuoso. Los actores de ópera china son entrenados desde temprana edad, se les somete a ejercicios precisos, fuertes, acrobáticos, muy expresivos y altamente codificados. Cada movimiento tiene un significado que se corresponde con la acción y con el personaje, al igual que la voz, entrenada rigurosamente para no menguar incluso junto a un gran esfuerzo físico; su cuerpo habla por sí solo, la voz dice sin palabras, o al menos sin palabras claras, ya que incluso los chinos aficionados a la ópera no comprenden lo que el actor canta durante la representación debido a su forma lírica.

Se trata de actores en tal grado de tensión y trabajo físico que atrapan y sorprenden a los espectadores. Son cuerpos pre-expresivos, es decir, mediante el manejo de una técnica extra-cotidiana de uso del cuerpo despliegan toda su energía para lograr lo que comúnmente se nombra como "presencia" en el escenario. Atrapan la atención del espectador incluso antes de que sus movimientos o sonidos empiecen a significar algo. [17]

Las técnicas extra-cotidianas de todo el mundo tienen en común tres elementos: *La alteración del equilibrio cotidiano y la búsqueda de un equilibrio precario o "de lujo"; la dinámica de las oposiciones; el uso de una incoherencia coherente [...]*[18] que buscan en su conjunto mantener el cuerpo y la mente del actor trabajando, aun en la aparente inmovilidad. Por ejemplo: cuando Orestes saca el cuchillo de su bota su cuerpo forma dos líneas paralelas en oposición por su longitud, una pequeña entre el brazo que toma el cuchillo y la pierna del mismo lado que está levantada para que su mano alcance el objetivo; y la otra, larga, entre el pie que permanece en el suelo y el brazo que está en alto; en esta posición es evidente la alteración del equilibrio, la oposición en las extremidades y la incoherencia coherente que enriquece la acción. ¿A quién se le hubiera ocurrido sacar un cuchillo de la espinilla y además con un golpe rápido de la mano sobre la empuñadura que descansa sobre la rodilla?

Toda la escena está construida con acciones que repiten en su técnica los principios antes mencionados, generando una escena muy fuerte, tensa y que, sobre todo, mantiene la atención de los espectadores en vilo. El cuerpo, el "impulso del movimiento"[19], da sentido al transitar circular de dos cuerpos atrapados por su destino y refuerza la narración, le da cuerpo y fuerza al crimen, lo hace palpable, por un breve instante es inquietantemente real.

---

[17] Barba, E. y Savarese, N. *El arte secreto del actor. Diccionario de antropología teatral*, México, Escenología, 1990.
[18] Ibíd, p. 54.
[19] Dallal, A. *Los elementos de la danza*, México, UNAM, 2007.

Su hijo la mató, el coro interviene con lamentaciones y justificaciones. Orestes, fuera de sí, con el cuchillo en alto, se lamenta. Electra, como en un intento de tranquilizarlo y poner punto final a la serie de asesinatos, le quita el cuchillo a su hermano. Él ha perdido todo dominio de sí, mira en todas direcciones, desesperado, con movimientos rápidos y descontrolados, ve cosas que nadie más ve. Las Furias han acudido al llamado de Clitemnestra, lo atormentan, pero nosotros solo logramos ver los efectos de la embestida sobre el cuerpo de Orestes que se mueve impulsado por una fuerza externa que también atormenta su mente. Pílades, en un gesto ridículo por la gravedad del crimen que se acaba de cometer y por la desesperación intensa de Orestes, saca una pistola y apunta en todas direcciones sin saber con certeza de dónde proviene la agresión, como puede intentar defender a su amigo de una potencia divina que no se detiene ante una descontextualizada arma de fuego.

Las Coéforas se cierra con la imagen de Electra que empuña en lo alto el cuchillo que mató a su madre mientras la luz se va hasta oscurecer por completo el escenario.

IV. ATENEA *SHOW*

El escenario está obscuro, se escuchan sirenas, Apolo observa el escenario desde la plataforma (Ver: Imagen 13). Orestes se encuentra acostado a los pies de Apolo. Las Furias (Ver: Imagen 14) se mueven lentamente; la luz suave proyecta sus siluetas en el fondo del escenario creando un ambiente tenebroso. Toda la escena está acompañada por música de flauta.

Imagen 13: Apolo sobre la plataforma.

Del fondo del escenario aparece Clitemnestra, su vestido está ensangrentado y lleva la cara cubierta por un velo (Ver: Imagen 15). En la tradición china los personajes que ya han muerto y reaparecen en el escenario son representados con un velo que les cubre el rostro y de acuerdo con el libreto se trata de la sombra de Clitemnestra. Camina con pasos pequeños, casi como si flotara, se mueve de un lado al otro del escenario para despertar a las Furias, que se han quedado dormidas; con un pase de sus manos sobre ellas, despiertan, cantan y danzan con Clitemnestra, es el preludio del tormento.

Imagen 14: Las Furias y la sombra de Clitemnestra.

Las Furias van en busca de Orestes, quien se encuentra a los pies de Apolo. El dios corre a las Furias de su santuario y defiende a Orestes, que con ayuda de la Pitonisa (Ver: Imagen 16) se pone de pie y huye entre el público hacía el escenario. La Pitonisa tiene la boca cubierta con un velo largo confeccionado con pedrería. En la tradición de la representación china los hombres mayores portan una barba sobrepuesta en la cara y sujeta por alambres a las orejas, similar al velo de la pitonisa; esta caracterización del personaje se explica porque la Pitonisa no es quien habla. Apolo habla a través de ella. Así, en palabras del director: es una mujer con apariencia de hombre ya que la Pitonisa es la voz de Apolo [20].

[20] Schechner, R. Entrevistado por la autora.

Imagen 15: Sombra de Clitemnestra.

Las Furias persiguen a Orestes por entre los espectadores. A su paso el público tiene que moverse. Las Furias interactúan, hacen partícipe al público en la acción, obligando a los espectadores a reaccionar de alguna manera, ya sea solo moviéndose para abrirles el camino o para observarlas a lo lejos o, incluso, siendo interlocutor de los gestos y gruñidos que ellas emiten. El espacio de la interpretación y el de observación queda integrado una vez más durante la representación. Todo el espacio forma parte de la acción, justo como lo propone Schechner en *El teatro ambientalista:* el teatro como espacio vivo.

La construcción del personaje de las Furias representó un reto para los actores de la ópera china ya que dentro de esta tradición no existe la idea de un demonio *ctónico*, salvaje, más cercano a lo animal que a lo humano; por lo que los actores nunca habían experimentado con un personaje así. Incluso el director se pregunta, en su diario, si las Furias serán lo suficientemente furiosas.[21] Schechner lo soluciona llevando a los actores que representan las furias (dos mujeres y tres hombres) en un ejercicio que él llama "de trance" para que entren en contacto con "su animal". El director afirma que los actores se sintieron extraños después del ejercicio; ellos estaban experimentando con nuevas formas de movimiento e incluso con nuevas formas de expresión vocal ya que tienen que dejar de lado, sobre todo las mujeres, los sonidos agudos de su canto tradicional. Después de este ejercicio, el director pidió a los actores que llevaran el trance a los ensayos. Con el tiempo, él mismo afirma, los actores se sintieron más cómodos en su desempeño.

Imagen 16: Pitonisa

Tras la persecución entre las gradas, ya en el escenario, Orestes luce cansado y sin fuerzas. Las Erinias danzan a su alrededor, lo golpean, lo arrastran y hacen un gran despliegue de sus habilidades acrobáticas dando saltos y giros por el aire. Orestes, con lo último que le queda de fuerza, gira el cuerpo y la cabeza en sucesivas

[21] Schechner, R. *China Diary*, 5 de agosto de 1995, 1:22 pm.

ocasiones, como si se tratara de una perinola; este movimiento en la tradición de la ópera china se usa para mostrar la turbación emocional de algún personaje. Orestes termina por caer al suelo, las Furias lo ruedan hasta la orilla del escenario y lo devoran.

Hasta este punto, y a lo largo de todo el montaje, la música que ha acompañado la representación está basada en la música y los instrumentos tradicionales chinos, que están presentes tocando en vivo en el extremo derecho del escenario. Solo en una de las escenas, la que corresponde a Casandra, previo a su entrada al palacio, la música ha cambiado: un chelista colocado sobre el escenario fue quien acompañó a Casandra en su monólogo, su canto y su danza; como extranjera, la sonoridad de su habla y la extrañeza en su aspecto están acentuados por la música, ajena a la sonoridad general de la obra.

Retomando la secuencia del montaje, mientras las Furias devoran a Orestes, suena música grabada del tipo *rock and roll*, más específicamente *Rock around the clock* de *Bill Haley and his Comets*; de acuerdo con el libreto, Orestes, refugiado en el templo de Apolo, ha sido enviado por éste a Atenas para que Atenea decida lo que ha de suceder entre las Furias y Orestes en cumplimiento de su promesa de protección. Este cambio en el espacio marca el cambio de cuadro en la tercera parte de la trilogía, *Las Euménides.* El primer cuadro tiene lugar en el exterior del templo de Apolo en Delfos y el segundo se desarrolla afuera del templo de Atenea Polias en la acrópolis de Atenas; mientras que en el montaje los personajes van de la plataforma al escenario (Ver: Imagen 1), pasando entre los espectadores, haciendo evidente el traslado a otro espacio. Así, pues, además de tratarse de un cambio espacial marcado en el libreto y un traslado en el espacio representacional, hay un cambio evidente en la música que marca un cambio en el carácter de la representación.

Con la música grabada de *Rock around the clock* aparece en el fondo del escenario Atenea (Ver: Imagen 17). A diferencia de la imagen mitológica, recordemos que nace de la cabeza de Zeus ya armada con escudo y lanza, en esta ocasión porta un vestido corto, medias, zapatos, guantes y estola negros, además lleva en la mano un micrófono. De acuerdo a las palabras del director del montaje: Atenea está caracterizada como una famosa conductora de televisión en Taiwán que el público reconoce.

Imagen 17: Atenea.

En cuanto Atenea camina hacia enfrente, sobre el escenario, el espacio se parte; las Furias se colocan al lado derecho del escenario y Orestes al lado izquierdo. Están confrontados. En adelante, la escena se desarrollará con esta composición. Incluso el resto de los personajes, a excepción de Atenea y los jueces, se colocará del lado del personaje al que apoya.

Atenea le habla al público, se dirige a las Furias y las interroga una por una; después hace lo mismo con Orestes y pide aplausos al público. Incluso, emite una frase que los espectadores contestan a coro. La relación entre los actores y el público se ha modificado al introducir elementos de teatralidad propios de la televisión con público en vivo, como la presentación de los dos bandos solo por mediación de la conductora y su micrófono, hablar con el público e interactuar con él verbalmente, de ser espectadores teatrales el público se ha transformado en espectadores de un estudio de televisión de un programa en vivo.

Atenea, mientras interroga a las Furias y Orestes, imita algunos de los sonidos y movimientos que éstos realizan, hace gestos todo el tiempo acompañando las expresiones de Orestes y las Erinias; sin embargo, jamás muestra sincera conmoción o empatía. Cuando Orestes habla, acompaña su voz con los movimientos de su cuerpo expresando dolor; incluso prolonga el sonido hasta agotar el aire impulsando su último aliento con la flexión de su tronco hacía abajo, como si apoyara la poca fuerza que le queda con esa posición para facilitar la salida del sonido quejumbroso de su garganta. Atenea, micrófono en mano, sigue su gesto, lo imita pero ya sin contenido emotivo o fuerza física, vacío de todo sentido y por lo tanto ridículo, banal.

Atenea reproduce de un modo realista el comportamiento de una conductora de televisión, a diferencia del resto de los actores, quienes permanecen ataviados con vestuarios inspirados en la ópera china y continúan con un desempeño corporal propio de la tradición. Atenea es ajena a la escena, aunque ella la articula y preside. El director introduce un elemento ajeno a la tradición escénica china que, sin embargo, forma parte de la cultura popular actual de Taiwán.

Los jueces han sido reunidos, están sentados en el extremo frontal del escenario dando la espalda al público mientras Atenea permanece al fondo. Las partes se confrontan a la derecha las Furias y la sombra de Clitemnestra, a la izquierda

Orestes acompañado de Electra, Apolo y la Pitonisa. Ambas partes dan sus razones y justificaciones. Atenea, después de escuchar a ambas partes, incluso a Apolo que defiende a Orestes, considera que ha sido suficiente y llama a los jueces a votar. Ella emite el último voto:

> *No mother gave birth to me, my father*
> *only I call parent. Furthermore, I*
> *always choose the male over the female.*
> *Therefore, I cast the deciding ballot*
> *for Orestes.*[22]

Así, Orestes es perdonado por el crimen que cometió y es salvado del tormento de las Furias. Atenea lo lleva corriendo al fondo del escenario y levanta sus brazos para demostrar su triunfo, como en una contienda de box. Orestes canta y agradece a los dioses, Zeus, Apolo y Atenea por la decisión.

Después de está enumeración de elementos de teatralidad que se trasladan de la televisión al teatro se puede concluir que la escena reproduce a un *talk show,* género que se caracteriza por concentrarse en el diálogo y la conversación por mediación del conductor, ya sea de personajes famosos o personas comunes que confiesan una serie de problemáticas personales[23], además de la evidente relación entre el formato dialogado de la representación teatral y el énfasis en la conversación en el *talk show.*

En el escenario permanecen las Furias, la sombra de Clitemnestra y Atenea. Las Furias o Erinias, "espíritus de ira y venganza"[24], dentro de la mitología griega, son las deidades encargadas de castigar los delitos cometidos contra las madres,

---

[22] Schechner, R. *Aeschylus' Oresteia*, p. 55. "Ninguna madre me parió, solo mi padre es mi progenitor. Además, siempre elijo lo masculino sobre lo femenino. Por lo tanto, doy el voto decisivo a Orestes."
[23] Casey B. Casey N. et al. "Talk shows" *Television studies. The key concepts*, Londres y New York, Routledge, 2008, pp. 278- 281.
[24] Kerényi, K. *Los dioses de los griegos*, Venezuela, Monte Ávila, 1997.

persiguiendo y acosando a los culpables hasta su muerte durante el tormento. Éstas le expresan su descontento a la diosa: *"You younger gods, you tear down the laws of us old ones, leaving us empty, scorned!"*[25] Algo está roto, la tradición muere con este gesto legislativo, la fuerza destructora que emana de la tierra en las Furias para restablecer el daño cometido contra los consanguíneos, contra la madre, queda neutralizada por los "dioses nuevos", que establecen una nueva forma de justicia, una justicia cívica patriarcal.

En su aspecto benévolo las Erinias son nombradas como las Euménides, transformación que ocurre en el escenario. Durante la representación, con un rápido cambio de aspecto facilitado por el vestuario que una sirvienta ha colocado al fondo del escenario las Furias se transforman en las Euménides. Dejan su aspecto terrorífico y ofrecen a los ciudadanos de Atenas bendiciones y abundancia, ya que Atenea les ha ofrecido un santuario donde serán veneradas por los habitantes de Atenas. Ante la sensación de derrota de las Furias, Atenea ofrece "éxito" como nuevas diosas de la ciudad, en interpretación del director[26]. Pero, Clitemnestra se resiste ante la decisión tomada por los jueces, no muy convencida y ante la insistencia de Atenea, finalmente, asiente resignada; Atenea festeja con gritos su triunfo.

Clitemnestra, ya sin velo en la cara, con una antorcha, canta y baila. Poco a poco todos los personajes se integran y festejan alegremente recorriendo los pasillos entre el público en una procesión de antorchas; todos se muestran felices. Sin embargo, la mancha que permanece en el vestido de Clitemnestra es testimonio de un recuerdo atroz que permanece visible en el escenario a pesar de la fiesta final (Ver: Imagen 18).

---

[25] Schechner, R. *Aeschylus' Oresteia*, p. 56. "¡Ustedes dioses nuevos, han roto las leyes de nosotras las diosas antiguas, nos dejaron vacías, despreciadas!"
[26] Schechner, R. Entrevistado por la autora.

Imagen 18: Atenea, Clitemnestra y las Euménides en la danza final.

V. CONCLUSIONES

Atenea, la Diosa, ahora es conductora de televisión, ¿diosa del entretenimiento popular?, una pregunta muy atrevida. Sin embargo, esta imagen de Atenea que nos presenta Richard Schechner en el montaje resulta desconcertante, sorpresiva e, incluso, graciosa. Después del impacto visual y emocional del montaje, en general, y de las últimas escenas en particular, llegan las preguntas. ¿Por qué Atenea está caracterizada así? ¿Qué relación hay entre la ópera china, la tragedia griega y la televisión? Se trata de una re-configuración de los significados, las historias y las formas de representar, a la luz de la cultura popular contemporánea.

En la última parte de la trilogía las Furias exponen su misión como deidades matriarcales, Apolo habla a favor de Orestes; los jueces convocados por Atenea, ciudadanos destacados de la polis, emiten igual número de votos a favor que en contra de Orestes. Corresponde a Atenea dar el voto final y decisivo. Elige al padre por sobre la madre, Orestes es declarado inocente de matar a su madre gracias a Atenea que justifica el crimen argumentando que no hay lazo con la madre, ella solo es receptáculo de la semilla que el padre deposita para dar vida; basándose en su propia experiencia, ya que según nos narra el mito: Atenea fue concebida por la titánide Metis y Zeus, pero Zeus se tragó a Metis antes de que ella diera a luz; ya que la profecía decía que si Metis tenía un hijo más, éste sería quien derrocaría a Zeus. Tiempo después nace Atenea de la cabeza de Zeus. Así que las Furias ya no pueden seguir atormentando a Orestes, la madre ha desaparecido, se la han tragado.

En la sociedad pre-helénica, el poder era de herencia matrilineal. Los reyes eran extranjeros, el sucesor los mataba y su hijo lo vengaba, pero siempre por virtud del poder que otorgaba el matrimonio con la hija sucesora; así el matricidio era un crimen inconcebible.[27] De ahí la pertinencia de las Furias. Sin embargo, la obra nos muestra un momento de instauración de la ley patriarcal, que a pesar de la expresión tan jubilosa de victoria, recordemos que Atenea levanta el brazo del "campeón" Orestes y todo termina en una fiesta en la que incluso Clitemnestra participa, no se logra suprimir por completo el poder de lo femenino, el cual es asimilado con condiciones, que transfiguran las maldiciones en bendiciones. Dice el director que fue posible porque Atenea ofrece "éxito" a las Furias[28].

Así que Orestes es el "campeón" aunque la votación no fue decisiva. Las Furias cambian de apariencia, se transforman sobre el escenario en Euménides con un vestuario sobrepuesto, pero no son eliminadas. Clitemnestra festeja pero la mancha que testifica el crimen permanece presente en su vestido. Así que cuál fue la solución del problema, quién ganó. Las tensiones que dan origen a la narración permanecen presentes aún después de la aparente conciliación de las partes: parientes matándose entre sí, el principio femenino suprimido por valores masculinos como la guerra, recordemos el asesinato de Ifigenia a manos de su padre, o los padres devorando a los hijos de la dinastía de los Atridas.

Resulta risible el contraste entre el final de la trilogía de Esquilo y el contemporáneo mundo mediático. Atenea, vaciada de poder y credibilidad en su desempeño sobre la escena, trivializa cualquier gesto que carga tras de sí con todo el pasado de crímenes y venganzas; el dispositivo de la televisión introducido en el teatro aparece como el mecanismo de solución y máximo espacio de legitimación de la justicia, patriarcal, pero la mancha de sangre permanece; baila y festeja, pero permanece.

---

[27] Graves, R. *Los mitos griegos 1 y 2*, 2° ed., España, Alianza, 2001.
[28] Schechner, R. Entrevistado por la autora.

La creación de Esquilo que sirve como punto partida para este montaje se inscribe en un marco histórico muy específico, siglo V a.C., en el que la tragedia griega se presenta en tres diferentes aspectos: *"[...] como realidad social, con la institución de los concursos trágicos; como creación estética, con el advenimiento de un nuevo género literario; como mutación psicológica, con el surgimiento de una conciencia y de un hombre trágicos [...]"*[29] Los dos primeros aspectos, el social y el estético, resultan más o menos claros. En Atenas se organizaban concursos donde cada autor representaba tres tragedias y una comedia, dentro del marco de un ritual en honor de Dionisio que se realizaba a finales de marzo (Grandes Dionisiacas), aunque en toda Grecia se organizaban concursos trágicos que no han pasado a la historia con tanta fama como los realizados en Atenas. Las tragedias eran escritas en forma de diálogo entre dos o tres personajes y el coro. Los diálogos de los personajes eran escritos en una forma más cercana a la prosa mientras que el coro cantaba y bailaba sus líneas.

La tragedia griega está basada en las narraciones mitológicas que pertenecen a un tiempo remoto y los nuevos valores de la ciudad. Hay una tensión y problematización constantes entre el pasado mitológico y el presente civil, entre el héroe y el ciudadano, entre el modelo heroico y la responsabilidad ciudadana; es, pues, la configuración de un nuevo sistema de valores, entre los que se empieza a configurar la noción de "voluntad" que separa la esfera humana de la divina y atribuye responsabilidades a las acciones de los hombres. Los dioses ya no son las fuerzas causantes del devenir de la historia humana, sino que los hombres se empiezan a preguntar sobre las implicaciones de sus acciones, donde, sin embargo, los dioses permanecen presentes, separados, pero presentes. De ahí la conciencia y el hombre trágicos.

---

[29] Vernant, J. y Vidal-Naquet P. *Mito y tragedia en la Grecia antigua. Volumen I*, p. 13.

Así, pues, la tragedia griega se nutre de su pasado y de su presente para re-crear y problematizar su contexto, *"[...] la ciudad se hace teatro;"*[30] La ciudad es objeto de creación y, a la vez, objeto de contemplación. La sociedad se auto-representa y reflexiona en torno de sí misma al objetivarse en el escenario.

Caminando hacía el presente, la televisión, en especial el *talk show,* transfigura y pervierte la escenificación y transmisión de las historias de los invitados en función de los intereses, sobretodo económicos, de los productores. El *talk show* es una "puesta en escena del habla"[31], que lleva a la esfera pública problemáticas privadas en un formato sensacionalista que llega a atentar contra el derecho a la privacidad, a pesar del consentimiento de los invitados; transforma el debate en un espectáculo, el enfrentamiento de ideas en mera exposición de voces inconexas, haciendo de la opinión pública una opinión común y trivial. Así, la puesta en escena de problemáticas reales de personas reales se convierte en mero espectáculo sensacionalista donde la figura del conductor parece dotada de la autoridad suficiente para emitir un juicio, siempre en función de los intereses de los productores.

La tragedia griega tomada como base literaria, el *talk show* como un elemento de teatralidad junto con la ópera china; todo puesto sobre un escenario del Taiwán contemporáneo nos lleva a preguntarnos sobre los resultados de tal mezcla. Para empezar el contraste entre la tragedia griega y el *talk show* nos muestra una evidente transformación de las funciones y los significados de la sociedad "en acto". Por un lado un intento re-creativo de la sociedad griega y por el otro un intento espectacular de la sociedad contemporánea, donde más allá de la auto-reflexión observamos una exposición inconexa de opiniones triviales sin posibilidades de articulación y mucho menos de solución.

---

[30] Ibíd., p. 27.

[31] Imbert, G. *El zoo visual. De la televisión espectacular a la televisión especular*, Barcelona, Gedisa, 2003.

Sin embargo, aún se trata de la sociedad escenificada, auto-representada, ya sea en un escenario griego, un set de televisión o un anfiteatro taiwanés. Los *talk shows* también nos hablan de lo que somos actualmente, aunque a la luz del juicio de Orestes nos lleva a preguntarnos sobre la importancia que tiene la televisión, en nuestros días y las funciones que hoy cumple o pretende cumplir en nuestra sociedad, es decir, ¿La televisión es un espacio pertinente para dirimir los conflictos en los que se pone en juego la creación de nuevas formas de relación social? ¿Es el conductor de *talk show* el juez máximo en materia de conflictos? ¿Qué nuevas formas de justicia se están articulando a través de la televisión? O, si ya no creemos en Atenea, ¿Quiénes son nuestros dioses?

A esta última pregunta Richard Schechner responde diciendo que nuestros dioses son el comercio, el capitalismo, el entretenimiento popular[32]. La trilogía se convierte en una crítica de lo que nos configura hoy en día como sociedad, la solución es un absurdo en comparación con el contexto y no solo por las tensiones que permanecen en la narración. Atenea habla no solo desde el pasado, sino también desde el presente cuando legitima el ejercicio de la justicia a través del patriarcalismo y el espectáculo. Así, el problema planteado en el juicio de Orestes se renueva y está vigente a través del montaje. Nos seguimos cuestionando sobre los géneros y la justicia sin llegar a una conciliación. El problema de fondo no ha sido resuelto.

Atenea, la diosa, transfigurada en una conductora de televisión pierde toda sacralidad, pero al mismo tiempo cuestiona el lugar que el público da a la televisión en la sociedad contemporánea. Los espectadores asisten a la re-encarnación de la diosa de la ciudad, Atenea, y al mismo tiempo a la presencia de una famosa conductora de televisión. El director, Schechner, está cuestionando el lugar que los propios espectadores toman en la configuración social, pone en evidencia la imposibilidad de los conductores de medios masivos de comunicación de alcanzar el

[32] Schechner, R. Entrevistado por la autora.

lugar de la deidad y al mismo tiempo invita a los espectadores a reflexionar sobre sus creencias, sobre sus dioses. Al involucrar al espectador a la acción, el público también se auto-representa y tiene la oportunidad de observarse a sí mismo en la representación teatral, en una invitación a la auto-reflexión.

Las tensiones permanecen a pesar de los intentos de solución, y esto se muestra en el montaje, ya que pone en juego el pasado escénico chino, el presente mediático popular, la dramaturgia ancestral occidental y las apuestas del teatro occidental contemporáneo. Se trata de un montaje intercultural, ya que fusiona premeditadamente diversos elementos culturales, gracias a cuya mezcla las imágenes se actualizan y los significados se reconfigura, ya sea haciendo evidentes las diferencias o las similitudes.[33]

Se trata de toda una forma de trabajo en la que se parte de la base en que personas pertenecientes a diferentes culturas pueden trabajar juntas, comunicarse, negociar y crear nuevos sistemas de creencias, sociales y culturales, en función del trabajo creativo. Sin embargo, no es un trabajo sencillo. Por ejemplo, para el director fue muy difícil comunicar exactamente lo que quería y pensaba debido a que él no habla chino y pocas personas en la compañía hablaban inglés. Él mismo dice que confiaba en que los traductores le dieran el sentido que él quería transmitir a las palabras y no solo las trasladaran literalmente, pero, a pesar de las complicaciones, nos dice que él mismo aprendió que dado que todos eran gente de teatro había posibilidades de comunicación, que llevaron a un resultado satisfactorio para todos[34].

La comunicación a través de diferentes culturas y lenguajes es un elemento que también está presente en el montaje, ya que el joven de gorra habla como los habitantes contemporáneos de Taiwán lo hacen, facilitando a los espectadores el

---

[33] Schechner, R. *Performance studies*, 2° ed., New York, Rout ledge, 2006.
[34] Schechner, R. Entrevistado por la autora.

entendimiento de lo que sucedía en la escena, ya que el *jingju*, forma de expresión oral y coral de la ópera de Beijín, es una forma particular de pronunciación del chino, incomprensible para los espectadores. Así pues, el montaje enfatizó las diferencias lingüísticas en un afán por mostrar la belleza de la tradición escénica china y por, al mismo tiempo, actualizar su expresión; incluso se vendieron guiones de la obra y programas de mano que, en inglés y chino, exponían en uno de sus apartados un breve resumen de la historia que los espectadores podían seguir con facilidad durante la representación.

Más allá de las diferencias culturales, en el escenario existe un lenguaje común para los actores, sobre todo para los buenos actores, como los que colaboraron en el montaje. La precisión con la que abordan el personaje, la precisión en los movimientos y el refinado trabajo con la voz es la muestra perfecta de su maestría. El propio Schechner menciona en repetidas ocasiones en su Diario el entrenamiento arduo, tanto físico como vocal, que los actores realizan cotidianamente, además de la disposición al trabajo que todos presentan durante los ensayos.

El entrenamiento de los actores de la ópera china incluye la disciplina física y vocal. Aprenden a repetir con su cuerpo movimientos y posiciones ancestrales que conservan un significado cultural, al mismo tiempo que con su voz envuelven la movilidad del cuerpo dotando de una sonoridad específica a cada personaje. La preparación de los actores chinos toma al menos diez años, pero solo la experiencia sobre el escenario les permite perfeccionar lo aprendido. El cuerpo del actor aprende un lenguaje nuevo, cada movimiento dice algo, no se trata de adornar con el cuerpo lo expresado en con el lenguaje verbal, sino de permitir que todo el cuerpo hable, que se exprese sobre el escenario con un código.

A pesar de que el código nos es ajeno, percibimos las emociones y el sentido de la expresión. A través de los movimientos y la entonación de la voz podemos adentrarnos en la historia, podemos sentir la emoción del personaje, que el actor hace crecer hasta tocarnos. El actor habita el espacio, llena el teatro con su sola presencia, transforma la atmósfera con su expresión y por lo tanto, toca nuestra piel haciéndola vibrar al ritmo de su personaje. El actor de ópera china domina el lenguaje del cuerpo, y su maestría en la ejecución sorprende y conmueve. Aun si no comprendemos al pie de la letra los signos, el sentimiento nos envuelve.

Así las diferencias culturales conviven, algunas veces en tensión, otras en equilibrio y en otros momentos imponiéndose dentro del montaje, mostrándonos, una vez más las posibilidades infinitas del espacio teatral, en donde pueden darse cita y encarnar personajes y situaciones tan diversas como diverso es el ser humano; incluso elementos contrarios encuentran un espacio de convivencia en el escenario, gracias al actor, que da cuerpo y vida a imágenes del pasado, de la imaginación o extranjeros del espacio teatral. *La Orestíada* dirigida por Richard Schechner es un espacio-tiempo de convergencia de lo imposible imaginado.

A partir del análisis en torno a la propuesta teatral de Richard Schechner en *La Orestíada* podemos hacer algunas reflexiones que van más allá de esta representación en específico y que son un modesto esfuerzo por comprender el fenómeno teatral en general. Las artes del espectáculo son casi tan antiguas como el ser humano, surgen, entre otros factores, a partir de la separación del espacio y de la diferenciación de sus funciones.[35] El espacio de la observación y el de la acción, el espacio de quienes hacen y el de quienes contemplan. Sin embargo, todos acuden a un mismo tiempo a un mismo lugar a un solo evento, el de la representación. Así pues, tenemos tres elementos básicos sin los que el teatro no podría existir: el espacio y la presencia física de quien ejecuta y de quien observa a un mismo tiempo.

[35] Dallal, A. op. cit.

A lo largo de la historia el espacio teatral ha sido intervenido, modificado, integrado y roto. Se ha intentado una y otra vez integrar la sala con el escenario, establecer una comunicación directa y de doble vía entre actores y espectadores. Algunas propuestas teatrales intentan provocar en el espectador una participación más activa en el evento teatral, disolviendo la diferencia entre escenario y sala, entre actor y espectador.

Queda claro que, independientemente de las divisiones espaciales y de su consecuente asignación de funciones, el teatro es un evento donde se espera cierto comportamiento por parte de todos los asistentes. Es decir, el espacio teatral es un espacio donde los asistentes ejecutan el rol que les ha sido asignado o el que han decidido asumir, convirtiendo al teatro, o cualquier espacio de representación en un *espacio performativo.*[36]

El *espacio performativo* es cualquier espacio usado para la representación de cualquier forma artística cuyo sustento sea la presencia de un ejecutante. Puede tratarse de un espacio construido con ese fin, como un teatro o un auditorio; o de cualquier espacio seleccionado para la representación, como un salón de clases, la calle, un parque, etc.; e implica decidir sobre la segmentación del espacio o las formas de su uso, es decir, las zonas de ejecución, las zonas de observación, el o los frentes y las formas de interacción entre los asistentes y el espacio.

Además, el *espacio performativo* es habitado temporalmente por personas que asumen roles específicos durante el evento representacional, ejecutantes o espectadores. Aunque la acción está principalmente asignada al actor eso no significa que del lado de la sala no ocurran cosas, al contrario, los espectadores actúan como tales y reaccionan ante lo que perciben durante el evento representacional, por lo

[36] Tomo el término *performativo* o *performático* en el más literal de sus sentidos, lo cual habla del espacio como un espacio de *ejecución*, tanto para espectadores como para actores.

tanto todos los asistentes, actores o espectadores, ejecutan su papel. Así el *espacio performativo* es todo espacio seleccionado para la representación, con una disposición escénica específica en donde ocurre el evento, implica tanto la acción como la observación del acto.

La *performatividad* del espacio de representación es claramente apreciada tanto en la ejecución de los actores de *La Orestíada* como en la forma en que reaccionan los espectadores, moviéndose para que pase el carro de Agamenón, escuchando lo que el joven de gorra les dice, interactuando con las Furias, etc. Además de la propuesta espacial que nos presenta el diseño escenográfico y el montaje, de los cuales ya hemos hablado en páginas anteriores.

El tiempo del teatro es el presente. No hay más vida para el teatro que el ahora y éste nunca se vuelve a repetir. Sin embargo, el teatro posibilita la convivencia de múltiples tiempos, como bien se manifiesta en *La Orestíada* conviven el pasado de la tragedia griega y la ópera china, el presente de Atenea y los espectadores, junto con el futuro que aguarda resguardado en la memoria de los espectadores o de la repetición de la video grabación del evento teatral.

El tiempo de *La Orestíada* es trans-temporal, atraviesa como un relámpago nuestra historia trayendo al presente el origen del teatro occidental, reavivando la fuerza de la tradición escénica china y haciendo partícipe a la televisión; llegando aún más allá con las implicaciones que para los espectadores haya podido tener la participación en el evento teatral. Si bien todo en el teatro “es”, “es acción”, “está siendo”; también el teatro, como un desdoblamiento, es posibilidad de reflexión, sobre el pasado y el posible futuro. Desde sus inicios el teatro se ha arraigado en el pasado para reflexionar el presente y apostar por el futuro, convirtiendo al tiempo del teatro en trans-temporal; a la vez fuera del tiempo, siendo en el presente y trascendiendo su condena efímera.

Junto al eterno presente del teatro está la presencia. El teatro solo puede suceder a través del cuerpo del actor y para la presencia del espectador. Esto le imprime una fuerza especial al teatro, ya que se trata de, por lo menos, dos seres humanos frente a frente, ambos con su propio trayecto de vida y uno ayudado por la magia de la técnica escénica. Es un intercambio de ida y vuelta, el espectador con su mera presencia, es la posibilidad de realización de la acción, el actor con su técnica invita a la participación del primero; que va desde la segura respuesta emocional cobijada por la distancia reflexiva entre escenario y sala, hasta la transformación de la acción escénica en acción social, pasando por la socialmente necesaria catarsis.

La variedad de respuestas o de experiencias es tan amplia como variados somos los seres humanos, finalmente la acción escénica intenta tocar de alguna manera al espectador. El actor potencializa su ser ayudado por la técnica, lo expande emocionalmente hasta habitar todo el *espacio performático*. En su dilatarse, el actor toca en un momento, por un instante, al espectador; entonces algo sucede, un cambio se ha operado en el estar del espectador. Por un instante la mirada del espectador se ha cruzado con la del actor, por un instante la voz del actor es la voz del espectador, por un instante el espectador se ve desdoblado frente a sí mismo, representado, simbolizado, y, por lo tanto, para el espectador se abre una nueva visión de sí.

El arte del teatro es un arte que posibilita la convivencia de la multiplicidad representacional, emocional, perceptual, de respuestas. El teatro abre un intersticio para que los seres humanos nos encontremos, nos veamos por un momento, compartamos la misma voz, la misma expresión. El teatro es un arte que traza un límite y, por lo tanto, la posibilidad de ver al otro o de vernos como otro, todo gracias a la precisión técnica del artificio del actor. El teatro es un arte que fusiona los horizontes de la presencia.

Si bien el teatro es un arte efímero, un espacio-tiempo que muere tras el aplauso de los espectadores, el último sonido que transita el espacio, la tecnología contemporánea nos permite actualizar ese tiempo en algún mecanismo de grabación, el hecho escénico re-aparece en la pantalla para ser observado una vez más, para volver a ser interpretado y para dar nuevas respuestas o re-plantear viejas preguntas, las lecturas se vuelven infinitas en el tiempo permitiéndonos testimoniar un pequeño episodio de la historia del teatro.

En el escenario de *La Orestíada* la espiral central nos anuncia el regreso de la maldición de la casa de los Atridas. El rizo de cabello que Orestes ofrenda es señal de que el destino dará un giro más, todas las historias del pasado se agolpan en una danza circular con la muerte. El problema siempre ha sido el mismo, una y otra vez volvemos a él, por todos los ángulos asechamos esperando que sea el último giro del destino, aunque sabemos que, irremediablemente, re-crearemos más espirales para recordar las viejas respuestas.

BIBLIOGRAFÍA Y RECURSOS ELECTRÓNICOS

- Adame, Domingo. *Elogio del oxímoron. Introducción a las teorías de la teatralidad*, México, Universidad Veracruzana, 2005.
- Ardila Jaramillo, Alba Clemencia. "Ficción y televisión: Los sujetos culturales en los *talk show*" [en línea], *Co-herencia*, No. 4, Vol. 3, Enero - Junio 2006, Disponible en: http://www.eafit.edu.co/NR/rdonlyres/60D078A8-9B55-4ª92-9E33A1BEADB4AE2C/0/Ficciónytelevisión.pdf [consultado en enero de 2010].
- Aristóteles. *Poética*, España, Colofón, 2001.
- Barba, Eugenio y Savarese, Nicola. *El arte secreto del actor. Diccionario de antropología teatral,* México, Escenología, 1990.
- Barriga Tello, Martha. *Lock-Out. Carácter plástico de la puesta en escena*, Perú, Editorial Universitaria, 2008.
- Bosch-Gimpera, Pedro. *El teatro y las representaciones teatrales en Grecia y Roma*, México, Secretaria de Educación Pública, 1960.
- Bucher, François. "Televisión (un discurso)" [en línea], *Estudios visuales,* Disponible en: http://www.estudios visuales.net/revista/pdf/num4/bucher-4-completo.pdf [consultado en enero de 2010].
- Cardona, Patricia. *La percepción del espectador*, México, CNCA-INBA, 1993.
- Casetti, Francesco y Chio di, Federico. *Análisis de la televisión. Instrumentos métodos y prácticas de investigación*, España, Paidós, 1999.
- Casey Bernardette, Casey Neil, et al. "Talk shows" *Television studies. The key concepts*, Londres y New York, Routledge, 2008, pp. 278- 281.
- Chen, Jack. *The Chinese theatre*, Great Britain, Roy Publishers, c.1949.
- Chuaqui, Carmen. *Ensayos sobre el teatro griego*, México, UNAM-IIF, 2001.
- "Collection Creator Biography" [en línea], *Richard Schechner papers and The Drama Review collection 1943-2007,* Princeton University, Disponible en:

http://findingaids.princeton.edu/collections/TC071#description [consultado en septiembre de 2013]

- Dallal, Alberto. *Los elementos de la danza*, México, UNAM, 2007.
- Duvignaud, Jean. *Sociología del teatro. Ensayo sobre las sombras colectivas*, 2ª. ed., México, Fondo de Cultura Económica, 1980.
- Esquilo, *Tragedias completas*, 12° ed., España, Edaf, 2001.
- Graves, Robert. *Los mitos griegos, 1 y 2*, 2° ed., España, Alianza, 2001.
- Harrison, John B. Sullivan, Richard E. et al, *Historia Universal Contemporánea*, México, McGraw-Hill, 1996.
- Imbert, Gerard. *El zoo visual. De la televisión espectacular a la televisión especular*, Barcelona, Gedisa, 2003.
- Innes, Christopher. *El teatro sagrado. El ritual y la vanguardia*, México, Fondo de Cultura Económica, 1992.
- Kerényi, Karl. *Los dioses de los griegos*, Venezuela, Monte Ávila, 1997.
- Lavaniegos, Manuel. *Configuraciones trágicas. Teatro y Filosofía*, México, Instituto Michoacano de Ciencias de la Educación, 1995.
- Lipovetsky, Gilles y Serroy Jean. *La pantalla global. Cultura mediática y cine en la era hipermoderna*, Barcelona, Anagrama, 2009.
- Loraux, Nicole. *Maneras trágicas de matar a una mujer*, España, Fuenlabrada, 1989.
- Muñoz González Y. y Prieto Stambaugh A. *El teatro como vehículo de comunicación*, México, Trillas, 1992.
- Nietzsche, Friedrich. *El nacimiento de la tragedia*, España, Edaf, 2002.
- "Richard Schechner: Works (8)" [en línea], *Hemispheric Institute Digital Video Library,* Disponible en: http://hemisphericinstitute.org/hemi/en/hidvl-profiles/itemlist/category/388 [consultado en septiembre de 2013].

- Ríos Valerio, Wendolín. "El actor santo o *Performer* como símbolo." *La Colmen. Revista de la Universidad Autónoma del Estado de México,* Número 56, Octubre-Diciembre, 2007, México, pp. 44-50.
- ---------------- *Reflexiones sobre teatro y sociedad. Un acercamiento a la obra de Jerzy Grotowski (1933-1999)* [Tesis] México, El autor, 2007.
- ----------------- "Re-encuentro con Jerzy Grotowski." *Imágenes. Revista electrónica del Instituto de Investigaciones Escénicas de la UNAM*, 22 de enero de enero de 2009, México, Disponible en: http://www.esteticas.unam.mx/revista_imagenes/efemerides/efe_grotowski.html [consultado en septiembre de 2013]
- Rodríguez Adrados, Francisco. *Del teatro griego al teatro de hoy*, España, Alianza, 1999.
- Rodríguez Adrados, Francisco. *Fiesta, comedia y tragedia*, España, Alianza, 1983.
- Savarese, Nicola. *El teatro más allá del mar. Estudios occidentales sobre el teatro oriental,* México, Grupo editorial gaceta, 1992.
- Schechner, Richard. *Aeschylus' Oresteia*, (1995), Princeton University Library, Richard Schechner papers and The Drama Review collection 1943-2007, Miscellaneous files 1989-2007, Box 315.
- ------------- *By means of performance: Intercultural studies of theatre and ritual,* Cambridge, Cambridge University, 1990.
- ------------- *China Diary*, (1995), Princeton University Library, Richard Schechner papers and The Drama Review collection 1943-2007, Miscellaneous files 1957-1996, Box 154, Folder 8.
- ---------------- *El teatro ambientalista*, México, Editorial árbol-UNAM, 1988.
- ---------------- *Essays on performance theory, 1970-1976*, New York, Drama book specialists, c.1977.
- ---------------- *Performance studies*, 2° ed., New York, Routledge, 2006.

- --------------- "El fracaso de las circunstancias representacionales", *El teatro antropocósmico*, México, Árbol, 1987.
- --------------- *Performance theory*, 2ª ed., Londres, Routledge, 2003.
- --------------- *Ritual, play and performance: Readings in the social sciences*, New York, Seabury, 1976.
- --------------- *Teatro de guerrilla y happening*, Barcelona, Anagrama, 1973.
- --------------- *The future of ritual: writings on culture and performance*, Londres, Routledge, 1993.
- --------------- Entrevistado por la autora, 11 y 12 de junio de 2010, New York, EE. UU.
- Siao, Eva y Alley, Rewi. *Ópera de Pekín*, s/lugar, Editorial Nuevo Mundo, 1957.
- Sis Vanis, Kalvodova. *Chinese Theatre*, Czechoslovskia, Spring Books, s/f.
- Solórzano, Carlos y Weisz, Gabriel. *Métodos y técnicas de investigación teatral*, México, Escenología, 1997.
- *The Contemporary Legend Theatre* [en línea], Disponible en: http://clients.mingisland.com/CLT/index.php [consultado en marzo de 2010].
- *The Oresteia* [vídeo en línea], Hemispheric Institute Digital Video Library, 1995, Disponible en: http://hemisphericinstitute.org/hemi/en/hidvl-profiles/item/1319-rschechner-oresteia#itemVideoAnchor [consultado en septiembre de 2013]
- Vernant, Jean-Pierre y Vidal-Naquet Pierre. *Mito y tragedia en la Grecia antigua. Volumen I,* España, Paidós, 2002.
- ----------------------- *Mito y tragedia en la Grecia antigua. Volumen II*, España, Taurus, 1989.

Printed by Books on Demand GmbH, Norderstedt / Germany